CE LIVRE APPARTIENT À :

Le mystère du cheval écuyer

DANS LA COLLECTION ÉQUIROMANS

Du même auteur

Destins de championnes

Eki, l'étalon sauvage

PHOTO DE COUVERTURE : Thierry Segard
ILLUSTRATION DE COUVERTURE : Yvan B-G
ILLUSTRATIONS INTÉRIEURES : Yvan B-G

ISBN 2 7114 1675-5 • Dépôt légal novembre 2003
Imprimé en Allemagne par Claussen et Bosse

EQUIROMANS

Claude Lux

Le mystère du cheval écuyer

Illustrations Yvan B-G

VIGOT

Personne ne s'intéressait à Sylvia mais, heureusement, dans ce cadre merveilleux, elle avait un ami : un vieil homme nommé Gustave...

Chapitre 1

Un musée à la gloire du cheval

Lorsque Solène, la belle écuyère, entra en piste, tous les spectateurs n'eurent d'yeux que pour elle. Elle montait un superbe cheval gris, dont la longue crinière ondulait librement comme une chevelure. Gracile, il décrivait des figures harmonieuses et tous deux évoluaient avec tant d'élégance qu'ils ne semblaient faire qu'un.

La scène se passait sous le majestueux dôme des Grandes Écuries de Chantilly. Considérées comme les plus belles du monde, elles abritaient un musée tout à la gloire du cheval. La piste circulaire, où avaient lieu les spectacles, était entourée de gradins et, en face, deux statues imposantes de cerfs dominaient l'abreuvoir de pierre où, jadis, les chevaux s'abreuvaient avant de partir à la chasse. Trois siècles auparavant, en effet, plus de deux cents chevaux et cinq cents chiens de chasse à courre étaient hébergés dans ce lieu prestigieux et hors du temps.

À la sortie de la piste circulaire, une jeune fille à la chevelure rousse ouvrait et fermait la corde qui tenait lieu de barrière. Sylvia était employée aux travaux des écuries.

Contrairement aux cavaliers qui brillaient sur la piste, personne ne prêtait attention à elle, mais pour rien au monde elle n'aurait échangé sa place. Sa vie se partageait entre les travaux d'entretien et la préparation des chevaux qu'elle adorait. Et ils le lui rendaient bien !

Comme à la fin de chaque spectacle, les artistes cavaliers sortaient sous les ovations des spectateurs, mais Sylvia, seule aux écuries, ne participait pas à la fête. Elle au-

rait voulu être vétérinaire, afin de se consacrer entièrement aux chevaux et de les soigner, mais ses parents l'avaient placée là, car ils ne pouvaient pas financer de longues études.
Elle logeait dans une petite chambre située tout près des écuries. Levée tôt le matin, son plus grand plaisir consistait à s'occuper des chevaux et sentir leur souffle tiède sur sa nuque lorsqu'elle les brossait et qu'elle curait leurs boxes.

Personne ne s'intéressait à Sylvia, mais heureusement, elle avait un ami : un vieil homme nommé Gustave. C'était le gardien du musée depuis tant d'années qu'il ne les comptait plus. Chaque jour, il ouvrait et fermait les portes, éteignait les lumières et surveillait le bon déroulement des activités. Sylvia avait la charge de l'entretien des boxes et des chevaux. Tout au long de la journée, elle vaquait à différentes tâches définies par le maître des lieux. Chaque soir, elle rassemblait les crottins dans un coin du box et disposait la paille fraîche le long des murs pour que les chevaux la souillent le moins possible. Ensuite, elle distribuait le foin sans jamais oublier de vérifier que chaque cheval avait de l'eau à sa disposition. Elle savait en effet qu'un cheval qui a soif ne mange pas. Plus tard seulement, elle donnait les rations de granulés.

Pour Sylvia, qui était alors seule dans les écuries, c'était un moment privilégié. Tout était majestueux dans ce lieu qui avait abrité tant de chevaux depuis des siècles. Son travail terminé, elle aimait à se promener dans les différentes pièces du musée. Chacune avait un thème différent, en rapport avec les nombreuses utilisations du cheval. Les personnages et illustrations représentés paraissaient tellement vivants qu'ils semblaient animés. Sa salle préférée était située un peu en hauteur, il y régnait un climat de mystère : c'était la salle de la mythologie. Elle y allait souvent pour prendre plaisir à lire les légendes de chevaux jadis célèbres et les histoires où chevaux et dieux étaient liés. Épona, une grande déesse celte, était sa préférée. Adorée dans la Rome antique, elle avait le don de protéger les écuries.

Le soir, la jeune palefrenière ne quittait jamais les lieux sans avoir fait un câlin à chaque cheval, mais c'était à l'ânesse qu'elle disait bonsoir en dernier. Elle était sa compagne de travail, tirant la charrette de fumier lorsque Sylvia curait les boxes ou la herse pour niveler le sable de la piste. Parfois, elle participait également au spectacle. Lorsqu'elle hennissait, toute l'écurie semblait vibrer. Elle portait un nom particulier : Quadès. Gustave avait expliqué à Sylvia qu'elle était tout simplement arrivée

aux écuries un quatre décembre, d'où son nom : Quadès !
Pour emprunter le petit escalier de pierre qui menait à sa chambre, Sylvia devait passer devant les deux grandes statues de cerf au-dessus de l'abreuvoir. Elle éprouvait alors un sentiment étrange, car elles lui semblaient vivantes.
Gustave lui avait parlé des chasses à courre qui se déroulaient dans les immenses massifs forestiers de la région. Elle imaginait donc un grand cerf poursuivi par des cavaliers et la meute de chiens qui finissait par épuiser cet animal majestueux et l'acculer avant qu'il ne soit tué. Cela la faisait frissonner. Elle pressait alors le pas, se gardant bien de les regarder.

Depuis quelques jours, Sylvia avait entendu le Maître et Solène parler discrètement d'un nouveau cheval qui devait arriver aux écuries. Curieuse de nature, elle avait demandé à Gustave des renseignements sur ce mystérieux arrivant.

Jadis maître de l'équipage qui chassait à courre dans le massif forestier de Senlis et de Chantilly, Gustave était à cheval dès l'aube, écumant la forêt dont il connaissait chaque recoin. Mieux que quiconque, il savait débusquer les grands animaux. Au cours d'une chasse mémorable, un cerf s'était jeté sur son cheval, l'avait mis à terre et lui avait lacéré la jambe. Depuis, il boitait légèrement.

Sylvia adorait discuter avec lui et leurs conversations duraient parfois tard dans la nuit. Cet homme, en apparence rustre, était en fait très érudit et savait tout sur l'histoire des écuries et de la ville de Chantilly, mais aussi tout sur ses mystères.

Au début, il avait pris Sylvia de haut, mais il lui avait ensuite avoué que, parmi les nombreuses palefrenières qu'il avait vues travailler, c'est elle qui soignait le mieux les

chevaux.
Lorsque le Maître avait demandé à Gustave ce qu'il pensait de la « petite nouvelle », il avait simplement répondu : « Elle a le sens du cheval. »
Sylvia et lui se rendaient de plus en plus de services. Au début, elle lui disait « Monsieur Gustave » mais, un jour, il lui avait demandé de l'appeler par son prénom.

Ce soir-là, Sylvia lui demanda :
– Gustave, dites-moi tout ce que vous savez sur ce cheval mystérieux qui doit arriver aux écuries...
L'homme sembla gêné mais lui répondit.
– Le Maître m'avait demandé de n'en parler à personne, mais comme il doit arriver demain, il faut bien que tu connaisses l'histoire. Voilà, il y a quelque temps, il est parti en voyage en Arabie, car il avait décidé qu'un cheval arabe manquait dans ses écu-

ries. Sur place, un seul a véritablement retenu son attention : un étalon à la robe presque noire. Un cheval d'une beauté exceptionnelle mais...

– Mais quoi ? demanda Sylvia, impatiente de connaître la suite.

– Ce cheval a un problème : il refuse obstinément d'accepter un cavalier sur son dos. Les meilleurs s'y sont essayés... en vain. Le Maître est têtu et l'a tout de même acheté car, même non monté, il pourrait participer à des numéros à pied ou en liberté. Il est tellement beau qu'il fera venir du monde pour les spectacles.

– Sais-tu comment il s'appelle ?

– Al Borak, répondit Gustave. J'ai lu dans la salle de la mythologie du musée que c'était le cheval sacré du prophète Mahomet. Son nom arabe signifie « jeteur d'éclairs » !

Ce soir-là, Sylvia eut beaucoup de mal à s'endormir, tant elle avait hâte de découvrir ce fameux cheval.

Al Borak, quel nom énigmatique !

En une fraction de seconde, l'étalon apparemment calme se détendit comme un ressort.

CHAPITRE 2

L'arrivée d'Al Borak

Il était presque midi, lorsqu'un puissant 4 x 4 tractant un van s'arrêta devant l'entrée principale des écuries. Tout le petit monde du musée sortit, impatient de découvrir le fameux Al Borak. Le Maître avait demandé à Sylvia de préparer un box, ce qu'elle avait fait avec grand soin.
Quand le cheval à la robe sombre descendit du van, Solène poussa un cri d'admiration tant il était beau et Sylvia resta médusée par sa puissance.
– Quelle bête magnifique ! s'exclama Gustave.
L'étalon piaffait et encensait de sa puissante encolure, ce qui projetait sa longue

crinière dans tous les sens. Inquiet, il regardait tout autour de lui en hennissant, intrigué par ce nouvel environnement. Ses attitudes exprimaient un mélange de puissance et de douceur. Il se calma rapidement.

Le Maître demanda à Solène de faire trotter le cheval quelques foulées, pour observer ses allures et juger s'il n'avait pas souffert du voyage. Celui-ci se laissait conduire sans rechigner, animé par un trot si léger qu'il semblait que ses pieds ne touchaient pas le sol.

– Je vous présente Al Borak, dit le Maître. C'est le nouveau pensionnaire du musée. Fais-le marcher, Solène, pour qu'il se détende, car il a passé plusieurs heures dans le van. Il est complètement mouillé par la sueur, ajouta-t-il, il s'est certainement énervé pendant le transport.

– Lorsqu'il sera au box, tu le bouchonneras avec de la paille pour le sécher, dit Solène à Sylvia. Sois prudente, il est sûrement encore un peu sauvage, on ne connaît pas ses réactions.
Sylvia était très fière de s'occuper d'Al Borak. Arrivé dans le box, celui-ci se roula dans la paille avant de se relever souplement en s'ébrouant. Lorsque la jeune palefrenière essaya de s'approcher de lui, il fit mine de la mordre, puis se retourna en lui présentant ses postérieurs. Elle comprit que ce cheval ne se laisserait pas impressionner.

Sylvia avait appris beaucoup de choses en lisant les magazines et les livres sur les chevaux que lui prêtait Solène. Elle appréciait particulièrement les articles sur la psychologie du cheval et les principes des nouveaux maîtres qui parlaient d'éthologie. Elle avait lu, par exemple, qu'un cheval finit par s'approcher si on ne l'y oblige pas et si l'on sait prendre tout son temps et capter son attention. Elle s'assit donc dans un coin du box et observa Al Borak, encore inquiet, qui grignotait nerveusement quelques brins de paille. Les yeux du cheval intriguaient la palefrenière. Elle n'avait encore jamais vu un tel regard : des yeux presque humains !

Après quelques minutes, le cheval fit face à la jeune fille, qui lui parlait doucement. Intrigué, il dirigea ses oreilles vers elle, puis fit un pas dans sa direction. Elle se leva et se déplaça légèrement dans le box, toujours dans le but de capter son attention, mais sans s'approcher de lui. Elle attendait qu'il vienne à elle.

D'une voix très douce, elle prononçait son

nom, toujours de la même façon, pour qu'il s'y habitue. Il fit un pas vers elle et elle se déplaça légèrement. Il était maintenant à portée de sa main, mais elle ne la lui tendit pas encore. Quelques instants plus tard, il étendit son encolure dans sa direction. Le bout de son nez n'était plus qu'à quelques centimètres de Sylvia, qui ne bougeait toujours pas. Pourtant, elle avait très envie de le caresser !

Lorsqu'elle estima qu'il ne reculerait pas, elle avança sa main et le caressa entre les yeux, sans insister. Le cheval étendit son encolure, comme pour demander une nouvelle caresse, et s'approcha si près d'elle qu'il renifla ses cheveux. Elle le laissa faire, car il était en train de mémoriser son odeur. Les juments font ainsi avec leur poulain. Dès la naissance, tous deux s'imprègnent de leur odeur mutuelle, car les chevaux ont un odorat très développé et se reconnaissent par la suite sans erreur, même en pleine nuit.

Al Borak semblait beaucoup plus rassuré et Sylvia caressa progressivement son encolure et son garrot, sans cependant s'approcher de son arrière-main. Elle avait tout son temps pour gagner sa confiance. Elle saisit une grosse poignée de paille, la pressa pour en faire une boule compacte et frotta les parties de son corps mouillées par la transpiration.

Elle sentait maintenant que le cheval acceptait son contact, mais elle attendait davantage de lui. D'instinct, elle avait décidé que ce cheval deviendrait son ami, un ami secret.

Le lendemain, toute l'écurie était en effervescence, car le Maître avait décidé de faire monter Al Borak par un jockey expérimenté. Dès son arrivée, Sylvia eut un pressentiment désagréable, car elle comprit que l'homme allait se montrer brutal

pour parvenir à ses fins. Al Borak fut bridé et emmené sur la piste, où l'on boucla une longe sur le côté du mors. L'homme commença alors à le faire tourner, à la longe, à très vive allure, en le stimulant.
— Tu vas cracher ton jus, disait-il méchamment en jouant de la chambrière.

Le cheval ne rechignait pas à tourner, un œil rivé sur l'homme. Après de nombreux tours, le jockey estima que le cheval était mûr. Il avait préparé une selle et, pendant que le Maître tenait l'animal, le jockey la posa sur son dos, sans que l'animal ne bouge d'un pouce.
L'homme semblait très sûr de lui et se demandait d'ailleurs pourquoi on prenait tant de précautions avec ce cheval, qui lui paraissait doux comme un agneau.
— S'il accepte si facilement la selle, dit-il, c'est qu'il a déjà été monté.

Il ajusta les rênes et demanda au Maître de l'aider à se mettre en selle, sans utiliser les étriers.

À cet instant précis, Sylvia observa que le regard d'Al Borak changeait, mais personne d'autre ne le remarqua. Lorsque le jockey mit ses jambes au contact des flancs du cheval, en une fraction de seconde, l'étalon apparemment calme se détendit comme un ressort. Il fit un incroyable bond vers le haut, puis tourna si court que le jockey fut littéralement éjecté de sa selle.

– C'est un vrai fou, ce cheval ! Je n'ai jamais vu ça, ragea-t-il, assis sur le sable.

Al Borak se calma aussitôt, comme si rien ne s'était passé.

Le jockey essaya à plusieurs reprises de tenir en selle, mais rien n'y fit. Le cheval en avait décidé autrement et, à chaque tentative, l'homme se retrouvait sur le sable.

Sylvia prit plaisir à observer avec quelle habileté Al Borak se débarrassait du jockey pour se calmer aussitôt après. De nombreux cavaliers avaient certainement dû essayer de le monter, sans succès, et il avait acquis une grande expérience pour les mettre à terre.
Le Maître demanda alors à Sylvia de le ramener à l'écurie, ce qu'elle fit avec une joie qu'elle eut du mal à dissimuler. Elle admirait maintenant le cheval, non seulement pour sa beauté, mais également pour son caractère particulièrement indépendant et fier.

Arrivés dans le box, elle le débarrassa de son harnachement, puis le caressa tranquillement, ses cheveux harmonieusement mêlés à sa crinière. Le cheval aimait visiblement enfouir le bout de son nez dans la chevelure rousse de la jeune fille

et le souffle tiède de l'animal était très agréable à Sylvia.
Comme chaque soir, elle rassembla les crottins dans un coin des boxes, remonta la paille non souillée le long des murs, vérifia l'eau et nourrit les chevaux. Dans ces écuries majestueuses, on pouvait entendre le bruit régulier des mâchoires qui, comme des meules, broyaient les aliments. Elle s'assit quelques instants près de l'attache de son ami l'âne Quadès, mais c'est à côté du box d'Al Borak qu'elle alla passer un long moment de détente. C'était son dernier plaisir chaque soir, juste avant de se coucher.
Tout en mâchant son aliment, le cheval l'observait d'un œil tellement expressif...

Immobile dans la quiétude du soir, Sylvia fut surprise par l'arrivée de Gustave. Il s'assit près d'elle sur un ballot de paille.

– Il te plaît, ce cheval, n'est-ce pas ?

– Oui, il est magnifique et, en plus, j'ai l'impression qu'il n'est pas comme les autres. Plus je le connais, plus je le trouve humain.

– Tu sais, reprit Gustave, jadis il se passait des choses étranges dans ces écuries.

– Oh ! raconte-moi, dit Sylvia, je suis impatiente de les connaître !

– Il y a presque trois siècles, le prince de Condé, Louis Henri de Bourbon, fit construire ces prestigieux bâtiments, car il pensait qu'après sa mort il serait réincarné dans le corps d'un cheval. Sur ses ordres, son architecte fit donc construire les plus belles écuries du monde, entièrement à la gloire du cheval.

– Mais que veut dire « réincarné » ? questionna Sylvia.

– Depuis l'Antiquité, certaines religions et croyances pensent qu'après la mort, l'âme du défunt, son esprit si tu préfères, continue à vivre dans un autre être vivant et trouve ainsi une nouvelle vie. Je ne sais pas si, selon son vœu, l'âme du prince de Condé a été réincarnée dans un cheval, mais j'ai parfois observé des comportements étranges chez les chevaux de ces écuries...

– Ça voudrait dire que l'esprit d'un homme pourrait habiter le corps d'Al Borak ?

– D'après cette croyance, c'est en effet possible.

Sylvia fut très intriguée par ce qu'elle venait d'entendre. Ainsi, après sa mort, on pourrait continuer à vivre éternellement en habitant successivement d'autres êtres vivants...

Ce soir-là, lorsque Sylvia fit son dernier câlin à Al Borak, elle le regarda d'une manière différente, presque gênée de sentir sa peau frissonner sous sa caresse.

Et s'il était habité par l'âme d'un homme, réincarné en lui ?

Cette histoire avait à tel point bouleversé la jeune fille qu'elle fit un rêve étrange : elle montait Al Borak, mais il avait une tête d'homme !

« Ce cheval a l'air instruit, dit le Maître.
Je ne comprends pas pourquoi il refuse obstinément
de se laisser monter... »

CHAPITRE 3

D'étranges phénomènes

Lorsque Sylvia se réveilla, il était plus tôt que d'habitude. Aussi en profita-t-elle pour faire un petit tour aux écuries. Elle aimait beaucoup le grand calme des premières heures de la journée, avant que les visiteurs n'arrivent. En l'apercevant, les chevaux s'agitèrent et hennirent en grattant le sol, car ils attendaient impatiemment leur repas du matin.

Elle prépara les rations personnalisées de chaque cheval et vida les seaux dans les auges, après avoir vérifié le niveau des abreuvoirs. Comme chaque matin à son arrivée, l'ânesse Quadès faisait trembler les écuries lorsqu'elle se mettait à braire.

Al Borak, silencieux, attendait patiemment son tour. Très doux de caractère, il ne bousculait pas Sylvia lorsqu'elle lui apportait sa ration, contrairement à la plupart des chevaux. Elle remarqua, avec étonnement, que son poil était collé par la sueur. Il semblait pourtant en bonne santé et respirait normalement.

« Bizarre ! J'espère qu'il ne couve pas de coliques », pensa-t-elle.

La présence de crottins frais dans le box la rassura, car un cheval qui crotte normalement ne souffre généralement pas de problèmes intestinaux.

Pendant que les chevaux mangeaient, elle décida d'aller se promener dans les couloirs déserts du musée. En passant devant l'abreuvoir surmonté des deux grands cerfs de pierre, quelque chose de sombre sur le sol l'intrigua. Elle s'approcha et découvrit

un crottin de cheval, encore frais, mais qui ne fumait plus : il avait donc été déposé là quelques heures auparavant.
«Tiens, pensa-t-elle, aucun cheval n'est passé là depuis hier...»
Ne comprenant pas pourquoi ce crottin se trouvait là, elle le ramassa.

Un peu plus tard, en buvant son café, Sylvia s'interrogeait toujours sur la présence de ce crottin mystérieux, mais le Maître rappela à tous la répétition du prochain spectacle, qui devait être présenté quelques semaines plus tard. Ce spectacle avait comme thème la découverte de l'Amérique et les chevaux.
Gustave et Sylvia discutèrent très longuement des Indiens d'Amérique qui, dans un premier temps, avaient eu très peur des chevaux des conquistadores mais qui, par la suite, étaient devenus de fameux cava-

liers, donnant bien du fil à retordre aux envahisseurs.

— Sais-tu qu'en fait leurs chevaux venaient d'Europe ? énonça Gustave. Ils ont été amenés par bateaux par les premiers conquérants vers 1500, car il n'y avait aucun cheval dans toute l'Amérique avant leur arrivée. Par la suite, d'autres chevaux sont arrivés ; certains se sont échappés et leurs descendants sont redevenus sauvages. Ils se sont alors multipliés dans les vastes plaines et, progressivement, de nombreuses races se sont créées, mais la plus importante est aujourd'hui le quarter horse.

Sylvia était passionnée par ce récit. Elle demanda à Gustave où il avait appris tant de choses.

— J'ai toujours travaillé dans les chevaux et écouté ce qui se racontait autour de moi. J'ai aussi lu de nombreux articles et livres, et puis je suis plus âgé que toi, il est normal que j'en sache davantage !

La répétition du spectacle était imminente et Sylvia devait encore emmener les chevaux sous le dôme. Même si elle ne participait pas directement aux spectacles, elle observait et retenait tout. Mieux que quiconque, elle remarquait ce qui n'allait pas et connaissait parfaitement le déroulement et l'enchaînement des numéros.
Elle aurait tant voulu être à cheval et participer aux spectacles !
La répétition terminée, le Maître dit :
– Sylvia, va donc chercher Al Borak, je vais essayer de le mener aux longues rênes. Harnache-le en conséquence.
Elle partit à la hâte vers les écuries et Al Borak se laissa harnacher sans réticence, car elle se montrait toujours très douce avec lui. Elle le conduisit jusqu'à la piste centrale et, pendant qu'elle tenait le cheval par le bridon, le Maître passa, l'une après l'autre, les longues rênes dans les anneaux

du surfaix, puis les boucla de chaque côté du mors. Il se plaça ensuite derrière le cheval, ajusta les rênes et, d'un claquement de langue, lui commanda d'avancer, ce que le cheval fit dans le calme. Tous deux marchaient maintenant sur la piste circulaire, l'homme derrière.

Le Maître lui fit alors faire plusieurs exercices d'assouplissement.

– Ce cheval a l'air instruit, dit le Maître. Je ne comprends pas pourquoi il refuse obstinément de se laisser monter. Mais puisqu'il est beau et doué, on pourra lui faire exécuter des exercices à pied et même, pourquoi pas, l'atteler.

Solène ne répondit pas, car elle préférait les numéros montés.

Lorsque Sylvia ramena Al Borak à l'écurie, il lui sembla que l'animal cherchait à lui faire comprendre quelque chose. Une fois dans le box, elle le caressa longuement. Comme il la regardait fixement, elle lui dit :

– On dirait que tu sais faire plein de choses, mais que tu refuses de les exécuter.

Bizarrement, le cheval hocha sa tête, comme pour acquiescer, son regard plongé dans celui de la jeune fille.

Le soir venu, Sylvia distribua le foin afin que les chevaux aient toute la nuit pour le consommer. Elle leur fit ensuite le bisou du soir, puis partit dans sa chambre où elle se prépara un dîner sommaire. Elle s'allongea sur son lit et lut très tard dans la nuit.

Plusieurs heures s'étaient écoulées lorsque Sylvia fut réveillée en sursaut par un bruit anormal provenant du musée. Elle chercha sa lampe de poche, enfila un vêtement et descendit courageusement.

Quatre heures sonnaient tout juste au clocher de la chapelle... En passant devant le

box d'Al Borak, elle remarqua que la porte était ouverte : le cheval avait disparu !
«Je suis sûre et certaine d'avoir fermé le verrou», pensa-t-elle, angoissée.
Elle suivit alors les brins de paille laissés par le cheval, le long du couloir qui rejoint les salles du musée. Soudain, elle aperçut Al Borak dans le faisceau de sa lampe de poche. Il était immobile devant un tableau représentant un écuyer en grande tenue : le célèbre comte d'Astac.
– Mais que fais-tu là et comment es-tu sorti ? lui demanda-t-elle.

Le cheval était couvert de sueur et Sylvia le ramena dans son box. Comme elle craignait qu'on lui reproche d'avoir mal fermé la porte, elle se promit de ne parler à personne de cette affaire étrange et bouchonna son poil pour le sécher. Elle partit ensuite ramasser la paille et observa des

traces laissées par le frottement des fers sur le sol, juste devant une petite porte qui donne sur l'extérieur. Le verrou de cette porte était ouvert. Sylvia le referma et ne put s'empêcher de penser :
« Étrange, on dirait qu'il est sorti par là ! Mais comment tout cela est-il possible ? C'est vrai que j'ai déjà vu des chevaux capables d'ouvrir des verrous de box avec leurs lèvres ! »

Sylvia eut beaucoup de mal à se rendormir, tant cette histoire l'avait bouleversée. Décidément, ce grand cheval noir n'était vraiment pas comme les autres.
Elle décida finalement d'en parler à Gustave dès le lendemain. Il aurait peut-être une explication à ces curieux comportements...

Ils jouèrent ainsi un long moment, puis se frottèrent à nouveau longuement l'un contre l'autre, en poussant de petits cris très doux.

Chapitre 4

Le cheval et la biche

Le lendemain, Sylvia raconta à Gustave ce qu'elle avait vu pendant la nuit. Il ne trouva pas d'explication précise aux faits, mais pensa, comme Sylvia, que le cheval était sorti par la petite porte, attiré sans doute par quelque chose à l'extérieur.
– N'en parle à personne, il y a certainement un mystère là-dessous et c'est à nous de le découvrir, confia-t-il à Sylvia.
Tous deux étaient désormais complices.
Dans les jours qui suivirent, aucun fait étrange ne se produisit. Chaque soir, après avoir soigné les chevaux, la jeune palefrenière prenait plaisir à observer la lune dans le ciel étoilé. Depuis quelques jours, son

croissant grossissait et s'arrondissait en un disque qui était maintenant presque rond. C'était bientôt la pleine lune...

Un beau matin, Sylvia eut l'intuition qu'Al Borak allait partir pour une nouvelle expédition nocturne. Elle avait décidé d'essayer de le suivre pour savoir comment il occupait ses escapades... Elle demanda à Solène de lui prêter son vélo tout-terrain, prétendant vouloir faire un peu de sport.

Le soir elle soigna les chevaux, comme d'habitude, puis leur fit le traditionnel bisou. Elle posa le vélo près de la petite porte et vérifia que le verrou était bien fermé.

Elle fit alors mine de monter par l'escalier de pierre qui menait à sa chambre mais, en fait, elle se cacha parmi des ballots de paille. De là, elle pouvait observer le box d'Al Borak, qui mâchait tranquillement ses granulés.

La lune éclairait l'intérieur des écuries avec une grande douceur. Bientôt les bruits de mâchoire cessèrent, car les chevaux avaient terminé leur ration et se reposaient. Ils se couchaient parfois, mais rarement. Sylvia commençait à s'assoupir lorsqu'elle entendit le bruit du verrou du box : Al Borak venait de l'ouvrir avec ses lèvres habiles !

Sylvia observait maintenant sa silhouette qui se dessinait dans la lumière pâle de la lune. En passant par le couloir du musée, il s'arrêta quelques instants devant le même tableau que le premier soir, comme s'il connaissait le comte d'Astac...
L'étalon se rendit ensuite à la petite porte. Sylvia cachée dans un recoin sombre, l'observait qui s'énervait, car le verrou ne s'ouvrait pas suffisamment vite. Avec ses lèvres, il le bougeait dans tous les sens tout en grattant du pied.

Le verrou finit par s'ouvrir et le cheval sortit prestement.
Sylvia enfourcha son vélo et le suivit dans la nuit éclairée par la lumière de la lune. Elle pédalait à toute allure sur le chemin en bordure du château, qui se reflétait magnifiquement dans les douves. De loin, elle observait l'animal qui traversait le champ de courses.
Cette poursuite était fantastique, mais où l'entraînait-il ? Loin de se poser cette question, la jeune fille courageuse n'avait qu'une idée en tête : ne pas le perdre de vue...

Arrivé devant le mur qui entourait le domaine forestier, le cheval ralentit son allure et Sylvia comprit qu'il hésitait. Visiblement, il cherchait un passage. Après avoir suivi le mur, il se trouva face à un éboulement de pierres, car le mur s'était écroulé sous le poids d'un hêtre tombé, sans doute fou-

droyé lors d'un orage. C'est avec beaucoup de prudence qu'il entra dans le parc en enjambant les pierres.
Sylvia, dissimulée derrière un arbre, observait le cheval qui hennissait doucement plusieurs fois. Elle distingua alors un grand cerf à la ramure majestueuse qui s'approchait. Dans la pénombre, Sylvia les vit se flairer mutuellement en se frottant l'un contre l'autre, signe qu'ils sympathisaient.

« C'est drôle, pensa Sylvia, ils semblent se connaître depuis longtemps, on dirait qu'ils s'étaient donné rendez-vous à cet endroit ! »
Le cheval et le cerf se livraient maintenant à toutes sortes de jeux dans une petite clairière. Tantôt l'étalon poursuivait le cerf, tantôt c'était l'inverse. Ils semblaient se battre, mais ces affrontements n'étaient que des jeux où chacun cherchait à prouver sa force et son adresse.

Allongée dans l'herbe, Sylvia savourait ce ballet presque irréel. Soudain, les deux mâles interrompirent leurs jeux, leurs regards tournés dans la même direction.
Une biche surgit alors des taillis et se rapprocha d'eux. Elle était très gracieuse, l'encolure fièrement redressée et semblait danser en se déplaçant. Elle progressait par petits bonds et s'arrêta à quelques mètres des mâles.
Al Borak s'approcha d'elle, renifla ses naseaux et différentes parties de son corps, comme font les chevaux qui se retrouvent. Le grand cerf resta là quelques instants puis, d'un bond puissant, disparut dans un fourré, laissant seuls l'étalon et la biche.

Sylvia crut qu'elle rêvait : « Comment une rencontre entre des animaux aussi différents est-elle possible ? Comment Al Borak a-t-il pu sympathiser avec ces animaux ?

Les deux grandes bêtes se mirent à jouer. La biche accélérait, bondissant dans tous les sens, mais Al Borak avait un peu de mal à la suivre, car elle était plus agile que lui. Ils jouèrent ainsi un long moment, puis se frottèrent à nouveau l'un contre l'autre, en poussant de petits cris très doux.

La biche sauta ensuite dans un fourré et disparut. L'étalon resta quelques instants immobile, puis franchit à nouveau l'éboulis du mur et se dirigea vers les écuries. Sylvia le suivait toujours discrètement, lui laissant de l'avance. De retour, elle referma le verrou de la petite porte et retrouva le cheval dans son box. Il était couvert de sueur et imprégné de l'odeur de la biche. Elle le bouchonna soigneusement, mais sans savoir pourquoi elle éprouvait de la gêne.

Le cheval semblait distant avec elle et cela peinait Sylvia : que faisait-il donc avec cette biche avec qui il semblait si bien s'ententre ?

En remontant dans sa chambre, Sylvia regarda sa montre : trois heures du matin ! « Mon Dieu, se dit-elle, il faut que je dorme pour me reposer ! »
Alors qu'elle passait devant l'appartement de Gustave, elle observa de la lumière sous la porte. Elle aurait bien voulu lui parler mais, en s'approchant, elle entendit qu'il discutait avec un autre homme. Compte tenu de l'heure avancée de la nuit, elle trouva ça bizarre, d'autant qu'elle entendit quelques mots comme « livre secret », « trésor caché »... La discussion entre les deux hommes étant très animée, Sylvia passa discrètement.
Quelques instants plus tard, douillettement installée dans son lit, elle se laissa gagner par le sommeil en se promettant de raconter le lendemain à Gustave l'escapade hallucinante d'Al Borak... mais allait-il la croire ?
En revanche, elle décida de ne pas lui parler de sa conversation animée de la nuit,

car, au fond, cela ne la regardait pas. Mais elle trouvait tout de même cela très étrange de la part de Gustave !
Sylvia se réveilla plusieurs fois dans la nuit, perturbée par tout ce qu'elle venait de vivre...

Le lendemain, lorsque Solène s'étonna de sa mauvaise mine, elle lui répondit :
– En ce moment, je dors mal, ce doit être à cause de la pleine lune...
– Avec la livraison de paille qui arrive tout à l'heure, lui répondit Solène, tu dormiras mieux ce soir !

On raconte que, jadis, le comte d'Astac venait régulièrement chasser dans ces forêts et était éperdument amoureux de la fille du premier piqueux...

Chapitre 5

Le mystère s'éclaircit

La journée fut fatigante car, en plus du travail habituel, il fallut décharger les ballots de paille et les ranger dans les greniers. Comme le temps manquait, les chevaux furent détendus brièvement et Solène demanda à Sylvia de promener Al Borak au licol. Gustave prit également un cheval au licol et tous deux « allèrent les marcher » sur la piste de sable passant devant le château... cette même piste qu'elle avait empruntée en vélo, pour suivre les aventures nocturnes d'Al Borak.

Durant la promenade, elle raconta à Gustave ce qu'elle avait vu. Il réfléchit un moment et lui dit :

– On raconte que, jadis, le comte d'Astac venait régulièrement chasser dans ces forêts et était éperdument amoureux de la fille du premier piqueux. Elle était si belle et il l'aimait tellement qu'il voulait l'épouser, mais cette union était impossible : il était noble, pas elle !
– Mais c'est justement le nom qui figure sur le tableau devant lequel Al Borak s'est arrêté avant de sortir ! dit Sylvia.
Gustave réfléchit, puis dit à mi-voix :
– Et si le comte s'était réincarné dans ce cheval, et sa jeune maîtresse dans la biche ? Le grand cerf serait alors la réincarnation du piqueux, le père de la fille. Ça expliquerait qu'ils se connaissent et cherchent à se retrouver, bien qu'ils soient différents !

Sylvia avait un peu de mal à suivre ce raisonnement mais, si elle adoptait cette théorie, elle comprenait mieux les comportements d'Al Borak, ses expressions presque humaines et même ses attitudes avec elle. Et puis, c'était vrai qu'il semblait comprendre ce qu'elle lui disait !

Elle avait remarqué, la nuit précédente, que la biche et le cheval semblaient liés par une relation amoureuse forte. Si l'idée de Gustave était bonne, tout cela était fabuleux : prolonger indéfiniment une histoire d'amour, par l'intermédiaire d'animaux !

Après un moment de réflexion, le visage du vieil homme s'éclaira :

– S'il est la réincarnation d'un cavalier aussi brillant que l'était le comte d'Astac, ce cheval doit être très savant. C'est sûrement pour cela qu'il refuse obstinément de se laisser monter !

À partir de cette discussion, Sylvia s'adressa autrement à Al Borak. Maintenant, elle ne le considérait plus vraiment comme un

cheval, mais voyait en lui l'image du noble cavalier, follement amoureux d'une fille du peuple. Et cela lui plaisait beaucoup... Décidément, ce grand et fier étalon à la robe d'ébène était bien ce qu'il avait annoncé dès son arrivée : un cheval d'exception !
Les jours suivants, Al Borak ne fit plus d'escapades nocturnes et la vie se déroula harmonieusement dans les écuries.

Pendant les vacances scolaires, les visiteurs étaient nombreux dans le musée et le Maître exigeait que tout soit parfaitement entretenu. Sylvia, qui aimait à ce que les écuries soient bien tenues, avait donc plus de travail qu'à l'ordinaire, car il fallait balayer le moindre fétu de paille et les papiers laissés dans les allées.
Solène lui avait demandé de s'occuper des visiteurs en répondant à leurs questions, lorsqu'elle avait du temps de libre. Timide

de nature et quelque peu renfermée, Sylvia découvrait progressivement l'intérêt de ces échanges. Les questions étaient simples, principalement posées par les enfants, et tournaient toujours autour des mêmes sujets : que mange un cheval ? Est-il vrai qu'il dort debout ? Combien de temps la jument porte son petit dans son ventre ? etc.

Ainsi, la jeune palefrenière s'ouvrait aux autres et découvrait avec bonheur les joies de la communication. De plus, elle qui n'avait jamais supporté les enfants commençait à s'attacher à eux.
Tous étaient attirés par Quadès et des fous rires fusaient chaque fois qu'elle se mettait à braire bruyamment. L'ânesse était comédienne et attendait que le groupe soit suffisamment important pour braire. Sylvia la connaissait bien et savait qu'elle commençait par lever la base de la queue avant de

braire. Elle faisait croire alors aux enfants que l'ânesse poussait son cri à la demande. Dès que la queue commençait à se soulever, Sylvia murmurait rapidement quelque chose à son oreille et racontait ensuite que l'ânesse riait à sa manière, car l'histoire était drôle ; tout le monde s'en amusait. Une chose lui déplaisait cependant : c'est que les enfants s'approchent trop du box d'Al Borak. Sans doute était-elle un peu jalouse qu'ils le caressent...

Pendant le spectacle prolongent la visite du musée, un cavalier équipé d'un micro commentait le travail des chevaux, donnant de nombreuses explications sur la manière de les dresser et sur l'histoire prestigieuse des écuries. Sylvia rêvait de participer à ces spectacles, persuadée qu'un jour son tour viendrait. En attendant, elle devait se contenter du travail de l'écurie.

Lorsque le spectacle fut terminé et que les chevaux furent rentrés, le Maître leur dit :
– Demain, on essaie d'atteler Al Borak. Il refuse de se laisser monter, mais il accepte les longues rênes. On va donc juger son comportement à l'attelage.

En effet, le lendemain, après le travail des écuries, Sylvia le brida, lui mit un surfaix et le mena sur la piste circulaire. Pendant que le Maître était occupé ailleurs, Solène le mena aux longues rênes, lui faisant exécuter toutes sortes d'exercices de conduite auxquelles il répondit parfaitement.
Elle fit ensuite garnir Al Borak avec ses harnais d'attelage et elle le mena à nouveau aux longues rênes. Lorsque le cheval revint, le Maître demanda que l'on attache à ses traits une lourde traîne, pour juger son comportement. Le cheval la tira dans le plus grand calme.

— Décidément, dit le Maître, à part être monté, il accepte facilement tout ce qu'on lui demande !
Puisque tout se passait bien, il proposa de l'atteler à une voiture. C'était une charrette de type normand, particulièrement bien adaptée au dressage, avec deux grandes roues et une paire de brancards harmonieusement cintrés. La voiture fut sortie au départ de la piste de sable qui passait devant le château.

Sylvia tenait le cheval à la tête et le fit reculer pour le mettre en place entre les brancards.
Al Borak était toujours calme et le Maître monta dans la voiture, puis ajusta les guides. Comme convenu, Gustave se mit à côté de lui pour intervenir en cas de problème. D'un appel de langue, le Maître commanda au cheval de se mettre en mou-

vement, ce qu'il fit sans problème. Une demi-heure plus tard, ils étaient de retour.

– Ce cheval semble parfaitement instruit, dit le Maître. On dirait qu'il a été attelé toute sa vie. Mais où a-t-il bien pu apprendre tout ça, lui qui était considéré comme sauvage il y a si peu de temps ? Il va pouvoir se rendre utile pour transporter des invités à la chasse. Au moins, il servira à quelque chose, car être beau ne suffit pas !

Sylvia observa alors dans l'œil du cheval une étrange réaction : il lui sembla qu'il avait compris la remarque...

Sylvia comprit alors que le grand cerf allait mourir et un cri fusa de sa bouche ; cela lui était intolérable !

CHAPITRE 6

Une chasse mémorable

Dans les jours qui suivirent, Al Borak fut de nouveau attelé, Solène aux guides et Gustave dans le rôle du groom. Solène lui proposait parfois de mener l'attelage et Sylvia avait alors la joie d'être son groom. Dès qu'ils étaient hors de vue des écuries, Gustave lui donnait les guides et c'est elle qui menait fièrement le cheval.

Un matin, en longeant le parc, la jeune fille observa que la couleur des feuilles des grands hêtres commençait à arborer des tons orangés. Les premiers frimas annonçaient l'arrivée de l'automne.

Depuis qu'elle était aux écuries, la compagnie des chevaux lui était tellement agréable qu'elle n'avait pas vu passer l'été ! La nuit précédente, des sortes de mugissements puissants provenant de la forêt l'avaient réveillée. Très intriguée, elle en parla à Gustave.

– Ah ! Toi aussi, tu as entendu le brame cette nuit ?

– C'est quoi, le brame ? demanda-t-elle.

– C'est le cri que poussent les cerfs pendant la période de reproduction, qui a lieu en automne et dure environ un mois. Ce cri est à mi-chemin entre le rugissement du lion et le mugissement du taureau. C'est une période très particulière pour les cerfs, car ils sont comme drogués et déambulent la nuit dans la forêt, en bramant, à la recherche de biches. Ils sont tellement excités qu'ils seraient capables de charger celui qui les dérangerait. Entre eux, les cerfs s'opposent dans de violents combats afin de s'approprier les biches pour s'accoupler avec elles et constituer ainsi leur harde. Le grand cerf, ami d'Al Borak, doit être dans tous ses états en ce moment, et cette période correspond également au début de la chasse à courre, où seuls les mâles sont chassés. D'ailleurs, j'ai entendu le Maître dire à Solène qu'ils seraient prochainement invités à une chasse.

— Autrefois, quand j'étais premier piqueux, poursuivit Gustave, je montais dès l'aube à cheval dans le bois, accompagné d'un chien appelé limier, qui m'aidait à repérer les endroits où les plus beaux cerfs avaient passé la nuit, afin d'en débusquer un pour le chasser. Les moindres recoins de la forêt n'avaient pas de secret pour moi, ainsi que les animaux qui y vivaient. Je reconnaissais les plus beaux cerfs, à qui nous donnions même des noms.
— Mais tu en parles comme si tu les aimais, dit Sylvia, alors pourquoi les chassais-tu ?
— C'était mon métier, répondit le vieil

homme. Un éleveur aime ses vaches et pourtant il les conduira tôt ou tard à l'abattoir ! Et puis, la forêt ne peut nourrir qu'un nombre restreint d'animaux. Jadis, des prédateurs tels que le loup chassaient les animaux, ce qui maintenait un équilibre naturel. Aujourd'hui, l'homme a remplacé les prédateurs et se charge normalement de maintenir cet équilibre... Mais le loup était plus sage que l'homme, il ne chassait que pour se nourrir !
Sylvia ne fut pas convaincue par ces arguments ; elle aurait préféré que tous les animaux puissent vivre libres dans la forêt.

Quelques jours plus tard, le Maître annonça que plusieurs chevaux participeraient à une chasse en forêt de Chantilly, le mardi suivant.
— Deux de mes invités ne sont pas cavaliers précisa-t-il, ils suivront donc la chasse en

attelage. On attellera Al Borak, Gustave le mènera et Sylvia fera le groom.
La jeune fille rougit de bonheur : elle qui ne quittait pratiquement jamais les écuries, allait participer à une chasse à courre avec chevaux, chiens et, en plus, dans un attelage tiré par « son » Al Borak ! Sylvia travaillait depuis plusieurs mois dans des écuries où avaient jadis eu lieu tant de chasses prestigieuses, mais elle ne savait pas exactement comment elles se déroulaient. Les gravures et les tableaux qui représentaient les différents épisodes étaient si nombreux dans le musée qu'elle pouvait cependant s'en faire une idée.

Les jours précédant la fameuse chasse, Gustave et Sylvia attelèrent plusieurs fois Al Borak, qui ne cessait de se perfectionner. La veille, Sylvia toiletta soigneusement les crinières et les queues de tous les chevaux qui allaient y participer, mais elle soigna particulièrement son cher Al Borak.

Au matin du grand jour, hommes et chevaux étaient sur leur trente et un. Gustave était très élégant dans son ancienne tenue de chasse, mais il semblait un peu étriqué, car il avait grossi.

Solène avait prêté à Sylvia une jolie tenue et la jeune fille avait rassemblé ses longs cheveux roux sous la bombe. Pas question de paraître négligée !

Les invités arrivèrent et le Maître leur désigna les chevaux qu'ils allaient monter. Ils étaient cependant trop occupés à des discussions mondaines pour s'intéresser à leur monture.

Lorsque Sylvia amena Al Borak attelé, des expressions d'admiration fusèrent : « Qu'il est beau, quel magnifique cheval, quel panache, etc. » La voiture qu'il tirait était un break à quatre roues - deux petites devant et deux plus grandes derrière - capable de transporter plusieurs personnes.

Gustave s'assit à la place du cocher, pendant que Sylvia restait à la tête du cheval pour le sécuriser. Lorsque les passagers furent montés, Gustave commanda au cheval d'avancer pendant que Sylvia s'esquiva et grimpa en marche, avant de s'asseoir à la place du groom.

Ils partirent sur la route Toudouze en direction du Petit-Couvert, situé tout près du carrefour de l'Abreuvoir, lieu du rendez-vous. Gustave expliqua aux invités que Toudouze fut le capitaine des chasses, au temps du prince de Condé.
Sylvia fut très impressionnée par le nombre de chevaux. Les chiens n'étaient pas encore sortis des camions, mais on pouvait les apercevoir à travers les barreaux. Ils étaient grands, de race dite tricolore : poils blancs, noirs et marron, réputés pour la qualité de leur nez et leur voix.

Lorsque tout fut en place, le premier piqueux mit les chiens sur la voie de l'animal qu'il avait décidé de chasser. Gustave expliqua aux invités que l'animal de chasse était un grand dix cors, c'est-à-dire un cerf dans sa pleine maturité. Il expliqua que les bois d'un cerf évoluent au fur et à mesure qu'il vieillit, car ils tombent chaque année, pour être remplacés par de nouveaux bois, encore plus importants.
Une belle chasse en perspective !

Sylvia, qui, depuis le matin vivait comme dans un rêve, réalisa soudain que le cerf chassé pouvait être l'ami d'Al Borak et cette perspective la fit frémir !
Le maître d'équipage et les veneurs les plus expérimentés partirent derrière les chiens, qui suivaient la voie du cerf à l'odeur que celui-ci laissait en passant. De temps en temps, un veneur sonnait de la trompe, car chaque

fanfare correspondait à une phase précise de la chasse. Gustave leur précisa qu'ainsi tout le monde pouvait suivre le déroulement de la chasse en écoutant les sons de trompe. La forêt était magnifique, parée de ses plus belles couleurs automnales.

L'attelage tiré par Al Borak était moins mobile que les chevaux montés, mais Gustave, qui connaissait bien les lieux, savait couper par les allées pour anticiper et se retrouver aux meilleurs endroits.

Soudain, ils virent traverser tout près d'eux un magnifique cerf, suivi de près par la meute hurlante des chiens.

Al Borak eut un soubresaut : il avait reconnu son ami le grand cerf.

— Mais qu'a-t-il donc, ce cheval ? s'exclama une passagère, effrayée par la réaction de l'étalon.

— Certainement qu'il se passionne pour la chasse, répondit Gustave ironiquement.

Gustave avait maintenant du mal à maîtriser le cheval. Al Borak, très excité, avait compris que son ami le cerf était en danger et Sylvia fut obligée de sauter de la voiture et de se placer à sa tête en tenant les extrémités des guides pour le calmer. Elle lui parlait doucement, mais cela n'était pas suffisant...

Ils entendirent alors sonner une fanfare qui indiquait que l'écart entre le cerf et les chiens se réduisait et qu'ils allaient bientôt le rejoindre.

La chasse se déplaçait et Sylvia dut remonter dans la voiture, car le cerf se dirigeait vers les étangs de Comelle. Gustave avait toujours beaucoup de mal à maîtriser Al Borak, mais il s'efforçait de n'en rien laisser paraître.

L'attelage était maintenant près de l'étang et ils entendaient le concert des aboiements des chiens mêlé à la fanfare des veneurs. À travers la futaie majestueuse, ils distinguaient le cerf, la langue pendante, visiblement épuisé, suivi par la meute qui le talonnait. Juste derrière, les cavaliers se faufilaient entre les arbres.

À bout de souffle, le cerf s'arrêta près d'un grand chêne et fit face aux chiens, les repoussant avec ses puissants bois.

Sylvia, pétrifiée, avait peur pour le grand cerf. Chose étonnante, Al Borak s'était calmé et fixait de son regard étincelant la scène qui se tenait à quelques mètres de lui.

Le premier piqueux descendit prestement de son cheval, sortit sa longue dague de chasse et se fraya un chemin à travers la meute des chiens hurlants, qui harcelaient l'animal.

Sylvia comprit alors que le grand cerf allait mourir et un cri fusa de sa bouche ; cela lui était intolérable !

C'est à ce moment précis que se produisit ce que nul n'aurait pu imaginer...

Ils nageaient maintenant tous les deux
dans les douves du château : une vision fantomatique,
pour qui les aurait vus !

CHAPITRE 7

Une étonnante complicité

Rien ne pouvait plus maintenant empêcher le piqueux de planter sa dague meurtrière dans le cœur du cerf épuisé. Plusieurs veneurs s'étaient même rapprochés pour assister à l'hallali ; le destin du grand cerf était arrêté !

Soudain, alors que nul ne s'y attendait, Al Borak se cabra. Arrachant les guides des mains de Gustave, il se jeta dans la meute, interposant la voiture entre les chiens agressifs et le cerf. Les invités hurlèrent, terrorisés.

Le cerf reconnu alors son ami Al Borak, qui le protégeait des assauts des chiens. À partir de ce moment, tout se passa très vite.

Le puissant cheval cabré frappait de toutes ses forces avec ses antérieurs pour repousser les chiens. Surpris et paniqués, les veneurs s'étaient reculés, celui qui se préparait à poignarder le cerf avait même laissé tomber sa dague.

Le cerf, comprenant qu'il tenait sa chance, rassembla ce qui lui restait de forces, se redressa, fit un bond puissant entre le cheval et la voiture, bouscula les hommes médusés et, en quelques foulées, sauta dans l'étang où l'eau froide le revigora.
Qu'il était beau ce roi de la forêt, la tête dressée hors de l'eau, magnifiquement coiffé de ses bois, nageant à toute vitesse vers la rive opposée !
Quelques chiens, sans doute les plus expérimentés, partirent à sa poursuite, mais le cerf nageait plus vite qu'eux. Lorsqu'ils le virent rejoindre la rive opposée et s'enfuir

entre les taillis, le cerf avait pris trop d'avance pour que les chiens puissent le rattraper. Tous les participants à la chasse étaient médusés. De mémoire d'homme, jamais une chose pareille ne s'était vue.

Seuls Sylvia et Gustave avaient compris ce qui s'était passé. Ils étaient soulagés et heureux de cette issue, bien qu'ils ne puissent pas le montrer.

Le maître d'équipage annonça d'une sonnerie de trompe la fin de la chasse et la rentrée au chenil. Il fit quelques remarques désobligeantes à Gustave, lui reprochant de ne pas avoir su tenir le cheval. Gustave lui présenta ses excuses tout en sachant que, de toute façon, il n'aurait rien pu faire.

Ce soir-là, personne ne parla de la chasse, mais Sylvia passa un long moment dans le box de l'étalon. Elle lui parla beaucoup et le félicita pour son courage. Une fois de plus, elle avait l'impression que le cheval comprenait ce qu'elle disait. Elle lui raconta alors que l'autre nuit, elle l'avait vu en compagnie du cerf et de la biche dans le parc et rajouta qu'elle savait ce qui s'était, jadis, passé entre le comte et la fille du piqueux. Al Borak l'écoutait avec beaucoup d'attention. Elle le regarda droit dans les yeux et dit :

– Je suis certaine que tu es la réincarnation du comte. Dis-moi si j'ai raison ou tort, je veux savoir.

Le cheval fit un mouvement d'encolure qui signifiait oui, tout en grattant le sol avec un antérieur.

Avant de monter dans sa chambre, elle ouvrit le verrou de la petite porte, afin qu'il puisse aller retrouver son ami le cerf, à qui il venait de sauver la vie. Après cette journée épuisante mais riche en émotions, elle

se coucha rapidement. Désormais, tout était clair dans son esprit : la biche représentait le grand amour du comte et le cerf était son père !
Durant la nuit, elle ne cessa de rêver. Elle se voyait chevaucher en toute liberté l'étalon dans la forêt, simplement guidée par sa volonté, et rien ne pouvait les arrêter !
Le lendemain matin, le poil d'Al Borak était sec. Il n'était pas sorti de la nuit, ce qui la rassura.

Les jours suivants, l'activité fut calme dans les écuries. Gustave et Sylvia attelaient régulièrement Al Borak en forêt. Il se musclait de plus en plus, ce qui l'embellissait au fil des jours. Un matin, alors qu'il trottait dans une allée de sable, un grand cerf sauta, juste devant lui et il hennit avec force.
Son ami le suivit sur le bas-côté, nullement impressionné par les présences humaines ;

il avait bien compris que ni Gustave ni Sylvia ne lui voulaient du mal. Quelques instants plus tard, il disparut dans un fourré.
– Tiens, se dit Sylvia, sa fille la biche n'est pas avec lui !

De retour aux écuries, Gustave retrouva son ami le garde-chasse et ils discutèrent un long moment. Lorsque l'homme fut parti, Gustave rejoint Sylvia qui brossait Al Borak.
– Je viens d'apprendre qu'hier, il y a eu une grande battue et que de nombreux animaux ont été tués. Normalement, ils ne chassent pas les biches en cette saison, mais l'une d'entre elles a été abattue par erreur. Le garde m'a dit qu'un grand cerf a chargé et blessé celui qui l'a tirée, avant de s'enfuir.
À ce moment, Al Borak hennit avec force. Il était très agité et Sylvia eut du mal à le

calmer. Sans doute avait-il compris qu'il s'agissait de sa biche...

Lorsqu'elle eut fini son travail et avant de monter se coucher, elle ouvrit le verrou de la petite porte, car elle avait le pressentiment que l'étalon irait rejoindre le cerf pour partager avec lui la douleur que lui causait la mort de la biche.

Une fois couchée, Sylvia ne réussit pas à s'endormir. Elle se faisait du souci pour Al Borak. Il n'était pas dans son état normal et elle craignait qu'il ne lui arrive un malheur. Elle décida d'aller à sa rencontre. Elle se rhabilla et enfourcha sa bicyclette.

La lune était presque pleine, trônant parmi sa cour d'étoiles. Soucieuse, Sylvia pédalait à toute vitesse vers la partie éboulée du mur ceinturant le parc, lorsqu'elle entendit des cris et des bruits de moteur sur la petite route longeant les douves du château.

Elle comprit soudain ce qui se passait. Plusieurs motos pétaradaient autour d'Al Borak, complètement affolé. Une bande de motards peu recommandables s'en était pris à lui et s'amusait de sa panique. Il était acculé sur le bord du mur surplombant l'eau des douves et ses postérieurs dérapaient sur le bord de pierre.
Soudain, il tomba à plat ventre deux pieds dans le vide, tentant de se raccrocher avec les antérieurs, mais en vain, car il n'avait pas de prise sur la pierre humide. Il se laissa alors tomber dans l'eau.

Peu fiers de leur exploit, les motards déguerpirent. Sylvia s'approcha de la berge et appela le cheval, qui essayait de grimper sur le bord, beaucoup trop haut. Elle lui indiquait de nager jusqu'à l'autre côté, là où la berge était moins haute, mais, paniqué, il ne l'écoutait pas.

Elle ne pouvait pas laisser son ami dans cette situation, aussi décida-t-elle de le rejoindre pour le guider. Elle camoufla son vélo derrière un arbre et, tout habillée, se glissa dans l'eau. Al Borak se calma à son contact.

Elle grimpa sur son dos à califourchon, tout en saisissant une poignée de crins. Elle pouvait ainsi le guider, en agissant sur la crinière. L'eau était froide en cette saison, mais le corps tiède du cheval réchauffait Sylvia. Ils nageaient maintenant tous les deux au milieu du plan d'eau : une vision fantomatique pour qui les aurait aperçus... Arrivés au bord, ils sortirent sans peine.

Elle réalisa alors qu'il l'avait acceptée sur son dos. Aussi, toujours en tenant une poignée de crins, elle serra légèrement les mollets et le cheval se mit au pas, sans rechigner.

Sylvia avait bien froid dans ses vêtements trempés. D'une pression des talons, elle mit Al Borak au trot et le guida vers les écuries par de simples tractions sur sa longue crinière.

Comme tout se passait bien, elle pressa les mollets un peu plus fort et le cheval se mit au galop, prenant progressivement de la vitesse sur la piste de sable menant aux écuries. Cheveux au vent, Sylvia éprouvait la merveilleuse sensation de voler, comme dans un rêve...

Lorsque le cheval s'arrêta devant la porte, elle revint à la réalité et se rappela qu'elle avait laissé le vélo sous un arbre. Elle raccompagna rapidement le cheval dans son box et repartit en courant chercher le vélo. En revenant, frigorifiée, elle claquait des dents et pédalait de toutes ses forces pour se réchauffer. Elle monta ensuite dans sa chambre pour se changer et enfiler un gros pull, avant de se préparer un bon chocolat chaud.

Pressée de rejoindre Al Borak, elle redescendit rapidement aux écuries en emportant une couverture, car elle avait une idée derrière la tête.

Arrivée au box, elle le bouchonna longuement, mais l'eau des douves avait lavé sa sueur. Elle rassembla de la paille dans un coin du box et s'y installa.

Le cheval se rapprocha d'elle, enfouit son nez dans sa chevelure encore mouillée et Sylvia sentit son souffle tiède sur son cou et ses épaules. Elle caressa longuement son encolure, sa tête et ses yeux, de haut en bas, par-dessus les paupières, là où la peau est si douce. Ployant les genoux puis les postérieurs, il se coucha près d'elle et elle s'assoupit, envahie par un immense bonheur.

C'est Gustave qui la réveilla le lendemain matin, en ouvrant les écuries.

– Mais que fais-tu là ?

Elle se sentit un peu fautive, mais elle lui raconta tout ce qui s'était passé dans les douves. Gustave, qui s'attendait désormais à tout, fut quand même médusé par le fait que Sylvia était rentrée au galop sur ce cheval réputé indomptable !

– Je ne savais pas que tu savais monter à cheval ! lui dit-il.

– J'avais commencé à préparer mes galops dans le club du Marais Vert, répondit-elle. Mais mes parents manquant d'argent, j'ai dû tout abandonner. Depuis, même à pied, j'observe ce que font les cavaliers car, comme disait ma monitrice Muriel, « on apprend également à monter avec les yeux ».

L'heure de la ration des chevaux était presque arrivée et Gustave lui conseilla d'aller rapidement se changer, car le Maître n'aurait ni compris ni toléré que sa palefrenière dorme dans un box !

Pour avancer le travail, Gustave commença à remplir les seaux d'aliment.

– Sûr ! dit-il à mi-voix, cette histoire ne s'arrêtera pas là...

« Mais, vous n'y pensez pas, répondit le Maître. Vous savez bien que personne ne peut le monter plus d'une seconde ! »

CHAPITRE 8

L'accident

Al Borak travaillait moins que les autres chevaux montés régulièrement, car il était uniquement sorti en attelage ou aux longues rênes. Le Maître voulut donc le faire travailler en liberté, mais il s'entendait mal avec les autres chevaux.

Un matin, alors que le cheval refusait de tourner sur lui-même pour changer de main, Gustave souffla à l'oreille de Sylvia :

– Je suis certain qu'à toi il obéirait mieux. Tu devrais essayer de le faire travailler ce soir, lorsqu'il n'y aura plus personne.

Sylvia n'aurait pas osé sortir le cheval sans l'autorisation du Maître, mais puisque Gustave le lui proposait...

La journée achevée et après avoir distribué la ration à toute l'écurie, Sylvia n'attendait qu'une chose : monter à nouveau le fier étalon. Elle avait réduit sa ration pour éviter de le faire travailler après un repas complet. Elle lui donnerait le reste après l'avoir sorti.

Elle avait rendez-vous avec Gustave à vingt-deux heures et, sur les conseils de ce dernier, elle emmena Al Borak sur la piste.

Comme le Maître, elle utilisa une longue chambrière, qui permettait de donner les indications à l'animal. Elle le fit trotter et galoper aux deux mains et il lui sembla que le cheval était totalement à l'écoute de ses sollicitations. Elle arriva même à le faire tourner sur place, chose qu'il avait refusée au Maître.

– Parfait, dit Gustave, qui observait la scène avec attention. Essaie maintenant d'obtenir la même chose à l'autre main, car la plupart des chevaux obéissent mieux d'un côté que de l'autre.

Elle obtint la même obéissance à cette main.

– Bravo, s'exclama Gustave. Ce cheval t'obéit parfaitement, on dirait qu'il comprend tes désirs avant même que tu ne lui demandes quoi que ce soit !

– J'ai envie de le monter, tu penses que je peux ? dit Sylvia.

– De toute façon, tu dois essayer, il n'y a pas de raison que ça se passe mal. Reste avec lui, je vais chercher une selle et un bridon.

Au moment de se mettre en selle, Sylvia eut une légère hésitation, car elle se souvenait comment il avait éjecté le jockey ! Elle mit le pied à l'étrier et hop ! s'assit sur la selle. Après une petite caresse sur l'encolure, elle ajusta les rênes. Gustave, encore perplexe, s'était reculé. Lorsqu'elle serra légèrement les mollets, le cheval avança sans opposer

la moindre résistance. Après un tour sur la piste, elle le mit au trot.
Gustave n'en croyait pas ses yeux : ce cheval indomptable était doux comme un agneau !
Quelques tours plus tard, Al Borak était au galop sur une simple pression des mollets : « le souffle de la botte », comme disaient les grands écuyers !
— Bravo, dit Gustave, tu peux ajuster un peu plus tes rênes et agir avec tes jambes pour mieux le placer. Mais dis donc, tu montes sacrément bien pour une palefrenière !
— En fait, répondit Sylvia en rythmant sa voix sur le galop, je crois que c'est lui qui est en train de m'apprendre à monter. Je me sens tellement bien...
Sylvia était aux anges. Elle était tellement heureuse de sentir son grand cheval lui obéir qu'elle en avait oublié l'heure.
Gustave la rappela à la réalité :
— Il faut le rentrer maintenant, tu recommenceras demain si tu veux.

Après quelques secondes d'hésitation, il ajouta :

– J'ai d'ailleurs une petite idée...

Cette nuit-là, Sylvia, lutta contre le sommeil, pour continuer à penser à ces instants privilégiés. Ensuite, elle s'endormit et rêva qu'elle volait, en selle sur l'étalon. Le vent balayait son visage, elle planait au-dessus des écuries, du château et du champ de courses. Elle était la reine du ciel !

Le lendemain, le maître annonça qu'ils allaient répéter le grand spectacle, car la première représentation devait avoir lieu prochainement.

Comme d'habitude, Sylvia devait se cantonner à sa fonction de palefrenière : seller et brider les chevaux, afin qu'ils soient prêts pour les numéros. À chaque occasion, elle regardait les moindres détails du spectacle qu'elle connaissait par cœur. Elle observait particulièrement le numéro où Solène faisait cabrer majestueusement son cheval gris, le clou du spectacle. Pour qu'il se cabre, la cavalière se penchait en arrière, tout en agissant avec les deux rênes en même temps.

Tous les chevaux savent naturellement se cabrer, surtout pour impressionner leur adversaire lors de combats entre étalons, mais également pour se débarrasser de leur cavalier !

– La répétition générale aura lieu la semaine prochaine, dit le Maître. Tout doit être parfait pour le spectacle, car j'ai invité de nombreux grands cavaliers et des journalistes. Je connais tout ce beau monde, ils ne manqueront pas de critiquer le spectacle si quelque chose ne va pas !

La réputation du musée était en jeu et chaque nouveau spectacle se devait d'être original et parfaitement réussi.

Deux jours avant la répétition, une catastrophe arriva ! Le cheval gris, qui devait se cabrer dans le dernier numéro, s'accrocha le boulet d'un postérieur lors d'une sortie en forêt et se mit à boiter. Le vétérinaire appelé en urgence fut formel :

– Une période de repos de trois semaines au minimum est indispensable.

Le diagnostic tomba comme un couperet : le cheval ne pourrait pas participer au prochain spectacle, ce qui jeta le désarroi dans l'assistance. Que faire ?

Gustave s'approcha alors du Maître et dit :

– Monsieur, je pense avoir la solution.

– Parlez, Gustave, je vous écoute !

– Je suis sûr qu'Al Borak peut exécuter le numéro de la cabrade.

– Mais vous n'y pensez pas, répondit le Maître. Vous savez bien que personne ne peut le monter plus d'une seconde !

– Si, monsieur : une personne ici présente en est capable.

– J'aimerais bien savoir qui, dit le Maître

quelque peu agacé par ces propos qui lui semblaient farfelus.

— Sylvia, votre palefrenière, en est capable ! répondit Gustave

— Sylvia ? Mais, je ne comprends pas, ce n'est pas possible, elle ne monte pas à cheval, elle est palefrenière !

Voyant que Gustave avait l'air vraiment sûr de lui, il ajouta :

— Je demande à voir !

— Tout de suite, monsieur, répondit Gustave.

Sylvia était très impressionnée, car tous les regards étaient maintenant braqués sur elle. C'était la première fois que le Maître la prenait en considération.

— Viens, on va préparer Al Borak, lui dit Gustave, je vais t'aider à le seller.

Tous deux partirent aux écuries, laissant les autres totalement perplexes. Quelques instants plus tard, Sylvia arriva sur la piste, tenant l'étalon en main. Sellé et bridé, il était magnifique !

Elle arrêta le grand cheval noir au milieu de la piste et ajusta ses rênes, mais sans chercher à l'enfermer. Il semblait totalement décontracté, mais tous attendaient l'instant de vérité : le moment où la cavalière allait prendre place sur son dos...

– Pauvre fille, dit à mi-voix le Maître à Solène, j'espère qu'il ne va pas la blesser...

Il resta ainsi en équilibre,
agitant ses antérieurs dans une attitude majestueuse.

Chapitre 9

La révélation

C'est à cet instant que le destin de Sylvia pouvait basculer. Jusqu'alors simple palefrenière, allait-elle se montrer capable de monter ce cheval exceptionnel et de participer aux spectacles prestigieux du musée ? Seule au milieu de la piste qui a vu évoluer tant d'écuyers prestigieux, elle était prête à monter l'indomptable Al Borak. Mais quelle piètre allure elle avait, dans son vieux jean usé et ses grosses bottes d'écurie !

Ce n'était pas le moment d'hésiter... Sylvia saisit une poignée de crins, mit le pied à l'étrier, se souleva et se mit délicatement en selle. Le cheval n'avait pas bronché, ses oreilles mobiles indiquaient qu'il était attentif et décontracté. Personne ne disait mot, seuls les battements d'ailes des pigeons se faisaient entendre sous le dôme majestueux qui laissait filtrer une douce lumière.

Sylvia ajusta ses rênes, ferma légèrement les jambes et le cheval se mit au trot. Après deux tours, il galopait dans une cadence parfaite, sous le regard médusé de l'assistance.

– Je rêve, dit le Maître à Solène, tu as vu ça !

Après quelques tours, Sylvia changea de main et recommença, dans une parfaite décontraction. Elle s'arrêta ensuite au milieu de la piste et dit :

– Je vais essayer de le faire cabrer, mais je ne sais pas si je vais bien m'y prendre.

Ni le Maître ni Solène ne répondirent, tant ils étaient étonnés.

Al Borak était bien d'aplomb sur ses quatre membres et, après avoir ajusté les rênes, Sylvia inclina son buste en arrière. Sollicité dans sa bouche, le cheval déporta son poids sur son arrière-main et éleva ses antérieurs avec grâce. Il resta ainsi quelques secondes en équilibre, agitant ses antérieurs dans une attitude majestueuse.

Solène, toujours aussi spontanée, ne put s'empêcher d'applaudir.

– Bravo, bravo, il est superbe !

Le Maître, visiblement impressionné, s'adressa à la cavalière :

– Je te félicite, Sylvia, mais comment es-tu parvenue à maîtriser ce rebelle alors que le meilleur jockey n'y est pas parvenu ?

C'est Gustave qui répondit :

– Je crois, monsieur, que ce cheval est très particulier. Il éprouve pour Sylvia un sentiment d'attachement exceptionnel. Je pense qu'une réelle complicité les lie et qu'elle peut lui demander à peu près n'importe quoi. De plus, comme vous le disiez le premier jour, ce cheval est instruit et bénéficie d'un excellent niveau de dressage. Il sait faire beaucoup de choses mais, apparemment, il n'accepte de les exécuter qu'avec elle.

Après un court moment de réflexion, le Maître se tourna vers Sylvia :

— Après tout, peu importe de savoir comment tu arrives à tirer le meilleur de cet animal. Je te propose de faire partie de notre prochain spectacle. Seulement, tu as encore beaucoup de choses à apprendre car l'équitation est un art, comme la musique : un bon instrument est indispensable, mais il faut travailler beaucoup, pour atteindre un bon niveau. Tu me sembles douée, ce cheval est bien dressé, alors il ne te reste plus qu'à te perfectionner... et surtout rapidement, car la date du spectacle est proche. Tu participeras désormais à nos répétitions mais en parallèle, Solène ou moi te ferons travailler tous les jours. Es-tu d'accord ?

Droite et fière sur sa monture, Sylvia corrigea instinctivement sa position, pour répondre « oui ! », avec un large sourire.

Elle devait maintenant être digne du spectacle de haute école ! Quelle envolée, elle qui n'avait passé que ses premiers galops au centre équestre du Marais Vert !

À partir de cette fameuse journée, la vie de Sylvia changea. En plus de son travail d'écurie, le Maître lui donnait une ou deux heures de cours particuliers chaque jour. Il était très exigeant et elle avait parfois du mal à retenir ses larmes.
Heureusement, Solène lui remontait le moral car elle était très douce. Elle se souvenait certainement des difficultés qu'elle avait elle-même rencontrées en préparant ses premiers spectacles.
Gustave assistait souvent aux leçons et constatait que la petite palefrenière et son Al Borak progressaient très rapidement !
La dernière répétition avant le grand jour se passa sans problème. Jadis agressif avec

les autres chevaux, Al Borak acceptait maintenant de travailler au botte à botte avec eux.
À la fin de la répétition, Solène proposa à Sylvia de détendre les chevaux par un petit galop sur une piste d'entraînement des pur-sang. Le temps était frais mais superbe. Toutes deux se rendirent au carrefour des Lions, où débute une très longue piste de sable finement hersé.

Solène avait pris Sylvia en amitié, car elle admirait sa passion pour les chevaux et l'enviait certainement de monter Al Borak avec tant de complicité. Arrivées à l'extrémité de la piste, elle lui conseilla de raccourcir ses étriers, pour se mettre en suspension comme les jockeys, afin de laisser plus de liberté au cheval.
Elles avaient convenu de partir l'une à côté de l'autre pour un petit galop, puis d'allon-

ger progressivement la foulée, pour terminer par un « bout vite », en laissant s'exprimer les chevaux... et que le meilleur gagne !

Les deux cavalières galopaient de front, quand un grand cerf surgit du sous-bois, faisant faire un écart à Al Borak. Il précéda les chevaux pendant une centaine de mètres, puis disparut de nouveau dans le bois. Seule Sylvia avait compris que le cerf venait saluer le cheval...

Les chevaux avaient maintenant accéléré l'allure, tous deux galopant encore à la même vitesse. Après avoir échangé un regard complice avec Solène, Sylvia posa ses mains sur l'encolure et claqua de la langue. Tel un puissant ressort, Al Borak allongea ses foulées, dépassant progressivement l'autre cheval. Assurément, c'était lui le plus rapide !

De retour aux écuries, chacune soigna sa monture et Sylvia fit un gros câlin à son Al Borak, très fière de sa victoire.

Elle gratta le joint tout autour avec son cure-pieds, puis, faisant levier, elle dégagea progressivement le couvercle de pierre.

CHAPITRE 10

Un trésor inattendu

Avant le déjeuner, Solène fut attirée par un article du journal. Le château de Chantilly, qui renfermait une importante collection d'œuvres d'art et de manuscrits de valeur inestimable, était le théâtre d'un étonnant mystère. Un ouvrage très ancien venait d'être dérobé dans sa bibliothèque et les enquêteurs ne comprenaient pas comment le voleur avait pu s'y introduire, car aucune serrure n'avait été fracturée.

Ce livre unique traitait de la construction et de l'histoire des écuries du château. Sylvia se souvint d'une histoire similaire, survenue à la bibliothèque de l'ancien couvent du mont Sainte-Odile, en Alsace. Pendant plusieurs années, un bibliophile s'introduisait dans la bibliothèque et subtilisait des ouvrages anciens, sans aucune effraction. En fait, il utilisait un passage secret et la police avait mis très longtemps pour résoudre l'énigme.

Ce soir-là, Sylvia partit en ville acheter un magazine d'équitation. En passant devant une pâtisserie, elle eut très envie de s'offrir un gâteau à la crème chantilly, inventée dans cette ville. Elle en profita pour feuilleter le magazine.

Elle rentra donc plus tard que d'habitude. En passant devant l'appartement de Gustave, elle remarqua que la lumière était encore allumée. Elle frappa à la porte, mais il ne répondit pas. Elle avait très envie de lui parler, aussi se décida-t-elle à entrer.

Sur la table, un grand livre ancien relié en cuir était posé. Elle s'approcha et comprit

qu'il traitait de la construction et de l'histoire des écuries.
Elle remarqua un marque-page qui dépassait sur le côté. Curieuse de nature, elle ouvrit le précieux ouvrage et lut l'histoire mystérieuse d'un fer à cheval en or, secrètement dissimulé par le prince de Condé lors de la construction de l'écurie. Ce fer sacré devait porter bonheur à tous les hommes et les chevaux de ces Grandes Écuries.
– Décidément, Gustave est plein de secrets, pensa Sylvia. Lui aussi doit connaître un passage pour pénétrer dans la bibliothèque du château. En tout cas, s'il s'agit bien du fameux livre, c'est qu'il est à la recherche de ce fer mystérieux !
Comme Gustave ne lui avait pas parlé de cette histoire, Sylvia décida de ne rien lui dire. Elle commençait maintenant à comprendre comment cet homme avait appris tant de choses...
Al Borak était devenu son confident et, ce

soir-là, elle lui raconta cette étrange histoire.

— Et si le trésor était caché dans un box ? lui dit-elle.

Le lendemain, Solène découvrit dans la presse locale que le livre dérobé avait mystérieusement retrouvé sa place dans la bibliothèque. Personne ne comprenait cette histoire sauf Sylvia, qui ne put s'empêcher de sourire.

En disant bonsoir à Al Borak, elle remarqua que, lui qui d'habitude l'attendait à la porte du box, restait planté devant son auge en tapant du sabot sur le sol, comme pour lui faire comprendre quelque chose.

Sylvia comprit alors qu'il lui indiquait un endroit creux, juste sous son auge. En regardant de plus près, avec sa lampe de poche, elle s'aperçut qu'une petite dalle était encastrée entre les pavés. Elle gratta le joint tout autour avec son cure-pieds puis, faisant levier, elle dégagea progressivement le couvercle de pierre.

Au fond d'une petite cavité était posé un joli coffret métallique tout ciselé. Son cœur battait la chamade quand elle ouvrit le couvercle. Elle comprit immédiatement que ce qui brillait à l'intérieur était le fameux fer à cheval en or. Elle venait de trouver le trésor des écuries... Mais que devait-elle faire ?

Elle l'admira un long moment et décida de le remettre en place, pour l'instant. Le grand jour du spectacle approchait et il était préférable qu'elle ne se laisse pas distraire, même par un trésor !

Elle éparpilla de nouveau la paille sur le sol du box et s'adressa à Al Borak :

– Merci, mon Al Borak, grâce à toi j'ai trouvé le trésor. Depuis que je te connais, il ne m'arrive que des bonheurs. Ce fer à cheval est magique mais, pour moi, tu es bien plus précieux que lui...

Jamais, il n'avait été aussi beau et autant à l'écoute de Sylvia. Tel un centaure, le cheval évoluait avec une grâce infinie.

Chapitre 11

Le grand jour

Plus la date du spectacle approchait, plus Sylvia avait le trac. Elle ne s'était jamais retrouvée sur le devant de la scène, en public, et ne connaissait pas non plus la réaction d'Al Borak dans une telle situation. Elle était tellement inquiète qu'elle en avait presque oublié sa découverte !

Elle avait envoyé des invitations personnelles pour le spectacle à ses parents, ainsi qu'à Muriel, son ancienne monitrice du centre équestre du Marais Vert. Celle-ci lui avait promis de venir, accompagnée de ses amis cavaliers du club.

Le spectacle était programmé pour vingt heures mais, dès le matin, une animation fébrile régnait dans les écuries. Les techniciens installaient des haut-parleurs et des projecteurs tout autour de la piste circulaire. En fin d'après midi, Pascal, le caméraman qui filmait habituellement les spectacles, mit en place les trépieds des caméras et Sylvia fut encore plus inquiète de savoir qu'elle allait être filmée.

Un peu avant l'heure, les gradins étaient complets, mais certaines places réservées aux officiels restaient encore libres. Sylvia fut très intriguée par l'arrivée d'un homme très grand, tout habillé de noir, accompagné d'une femme très élégante. Dès qu'il les vit, le Maître alla les saluer et leur présenta les chevaux. Assurément, c'était un connaisseur et il s'arrêta longuement devant le box d'Al Borak.

Depuis plus d'une heure, l'étalon tournait nerveusement dans son box, peu habitué à tant d'animation, de lumière et de bruit, et Sylvia avait dû le calmer plusieurs fois. Lorsqu'ils entrèrent en piste, pour le carrousel, l'étalon noir fit l'admiration de la foule. Sylvia le sentait sous pression et ne cessait de lui parler. Elle aurait voulu le caresser, pour le calmer, mais le spectacle avait commencé et tous les yeux étaient rivés sur eux. Elle se demandait comment elle allait pouvoir l'apaiser, quand il lui revint en mémoire une anecdote qu'elle avait lue. Un écuyer, qui avait ce même problème lors d'une reprise de dressage, avait trouvé l'astuce de gratter le garrot de sa monture avec un petit doigt, sans bouger ses mains. Elle utilisa ce procédé et le cheval se calma aussitôt.

– Bravo, mon Al Borak, dit-elle à voix basse, reste calme tant que je te gratouille !

Progressivement, tous les deux se décontractèrent et le numéro fut très applaudi. Les autres numéros collectifs qui suivirent se déroulèrent sans problème particulier. De temps en temps, Sylvia regardait l'homme en noir mais il restait impassible, les yeux rivés sur Al Borak.

Quand le dernier numéro approcha, Solène aida Sylvia à enfiler sa belle robe blanche, la disposant parfaitement sur la croupe du cheval lorsqu'elle fut en selle. Elles avaient choisi avec beaucoup de soin les tenues de ce spectacle. Celle de Sylvia était magnifique, s'harmonisant parfaitement avec ses cheveux roux et le noir de l'étalon.

– Détends-toi Sylvia, lui dit Solène. Al Borak a été parfait jusque-là, il n'y a pas de raison que cela change pour ce numéro où il est seul.

En entrant sur la piste, Sylvia fut rassurée par un petit geste d'encouragement de Muriel, entourée des anciens copains et copines du club. Un peu plus loin, ses parents lui souriaient, visiblement fiers d'elle. Eux qui n'avaient jamais eu confiance en sa vocation équestre étaient totalement médusés de la voir en position de vedette.

Le cœur de Sylvia battait à cent à l'heure. Non seulement elle devait gérer son propre stress et rester concentrée tout en souriant, mais il lui fallait également être attentive à son cheval. Comme dans les précédents numéros, en guise de caresse elle gratta discrètement le garrot avec son petit doigt. Gustave, à qui elle avait expliqué son astuce, lui fit un clin d'œil complice lorsqu'elle passa devant lui.

Dès les premières notes de musique, le puissant cheval noir comprit l'enjeu. Il arbora une attitude altière, l'encolure haute et la queue en panache, qui amplifiait encore plus sa prestance naturelle.

Jamais il n'avait été aussi beau et autant à l'écoute de sa cavalière. Tel un centaure, le cheval évoluait avec une grâce infinie. À la fin du numéro, lorsque le grand étalon se cabra, il fut tellement impressionnant que les spectateurs du premier rang se reculèrent.

La foule debout explosa dans un tonnerre d'applaudissements. Même l'homme en noir, qui n'avait pas bronché depuis le début, s'était levé pour ovationner ce numéro. Sylvia salua plusieurs fois et sortit, rayonnante de bonheur.

Puis tous les artistes revinrent, ensemble, sur la piste pour être présentés un à un par le Maître. De nouveau, Sylvia et Al Borak furent très applaudis.

De retour aux écuries, Sylvia, très émue, fondit en larmes dans les bras de sa mère, mais quelques plaisanteries de Muriel lui redonnèrent le sourire. Gustave l'attira un peu à part et lui expliqua que l'homme en noir était en fait un organisateur de spectacles équestres qui présentait des numéros dans toute l'Europe.

Un moment après, le Maître s'approcha d'elle et la présenta au couple.

– Mademoiselle, dit l'homme avec un fort accent étranger, je vous félicite : votre prestation était remarquable. Je viens de discuter longuement avec votre directeur et nous avons convenu qu'un des numéros présentés ce soir ferait partie d'une tournée de spectacles que je vais organiser à travers l'Europe. Ce numéro représentera et fera connaître le prestigieux Musée vivant du cheval de Chantilly. Parmi tous les numéros que j'ai vus, j'ai choisi le vôtre avec ce grand cheval noir.

Resté silencieux jusque-là, le Maître dit :

– Oui Sylvia, je te demande de représenter le musée dans cette tournée internationale, même si je vais perdre une excellente palefrenière. Je sais maintenant que tu en es capable.

Sylvia, émue, se tourna vers ses parents qui acceptèrent sans hésitation. Le Maître invita alors tout le monde à fêter l'événement.

Lorsque le champagne eut rempli les verres dans une atmosphère détendue, tous demandèrent à Sylvia de faire un discours. Elle, si timide jusqu'alors, avait pris de l'assurance :
— Je vous remercie tous de m'avoir fait confiance et de me permettre ainsi de réaliser mon plus beau rêve. Je remercie également Al Borak car, sans lui, rien n'aurait été pareil. Il m'a donné toute son amitié qui, je le sais, ne faiblira pas, mais il m'a permis aussi de trouver un trésor inestimable que je souhaite vous offrir...
— Explique-nous ! dit Solène.
— Oui, il y a quelques jours, j'ai découvert grâce à Al Borak qui m'en a signalé la ca-

chette, le trésor porte-bonheur de ce lieu. Il avait été caché lors de la construction de l'écurie pour conjurer le mauvais sort. Ne me demandez pas comment je connaissais son existence, c'est mon secret !

Elle conduisit le groupe vers le box de l'étalon et souleva la petite dalle de pierre. Lorsqu'elle sortit le coffre, l'ouvrit puis montra le fer en or, le plus grand étonnement se lisait dans les yeux de tous. Seul, légèrement en recul, Gustave la regardait, médusé. Quand leurs regards se croisèrent, Sylvia lui fit un grand sourire qui en disait long...

— Ce fer fait partie intégrante de l'histoire de ce musée et, j'en suis bien persuadée, le protège. Aussi je veux qu'il y reste, mais mon souhait serait qu'il soit exposé près du tableau qui représente le comte d'Astac. Je tiens à le lui dédier...

Elle fut très applaudie, même si seul Gustave comprenait toute l'importance de ce geste... Le fer en métal précieux passa de main en main et fit l'admiration de tous. Le Maître prit ensuite la parole.
— J'accepte ce don, Sylvia, et, selon ton vœu, il sera exposé sous le tableau que tu as choisi. J'y ferai figurer également ton nom et tu feras ainsi à jamais partie du musée.

La soirée se termina dans la bonne humeur, Sylvia discuta longuement avec ses parents et son ancienne monitrice, ainsi qu'avec ses amis cavaliers, qui l'enviaient beaucoup.
— Vous voyez, dit Muriel, le club du Marais Vert est un bon tremplin ! Et puis, nous trouverons bien une occasion d'aller voir Sylvia dans sa tournée à l'étranger, n'est-ce pas ?

Quand tout le monde fut parti, Sylvia resta un moment seule sous le dôme de pierre majestueux qui avait vu évoluer tant de princes et d'écuyers de renom. En repensant aux événements de ces dernières semaines, elle se dit qu'elle avait vécu un véritable conte de fées, mais que désormais sa vie était tracée et qu'il lui appartenait de la réussir.

Comme chaque soir, elle fit la tournée des chevaux, en commençant par Quadès et en terminant par Al Borak, son « jeteur d'éclairs ».

TABLE DES MATIÈRES